Reise durch

NEUENGLAND

IM OSTEN DER USA

Bilder von
Christian Heeb

Texte von
Karin Hanta

Stürtz

Erste Seite:
Auf dem Concord River im Minute Man National Historical Park. Dort fand im Jahr 1775 die erste Schlacht im Amerikanischen Unabhängigkeitskrieg statt. In der Nähe der Städte Concord und Lexington in Massachusetts wird diese Schlacht zum „Patriots' Day" am 15. April sogar nachgespielt.

Vorherige Seite:
Die Frenchman-Bucht auf der Schoodic-Halbinsel ist eine erste Anlaufstelle in dem wild-romantischen Acadia National Park. Besucher segeln hier um viele kleine Inseln und bewundern die rosa Granitfelsen des Cadillac-Berges vom Wasser aus.

Unten:
Ganz verschlafen zeigt sich Melvin Village in New Hampshire. Um die 240 Leute leben hier. Das Dorf liegt am Winni-

pesaukee-See, dem dritt-größten Binnengewässer in Neuengland. Sein indianischer Name bedeutet soviel wie „das Lächeln des großen Geistes“.

Seite 10/11: *Ein Leuchtturm auf Brant Point auf der Insel Nantucket wies Walfischfängern bereits im 18. und 19. Jahrhundert den Weg. Heute arbeitet die Küstenwache noch immer von hier aus.*

Inhalt

1746

Nicht nur „foliage peak“ – die Neuengland-Staaten

Das malerische Dorf Sandwich in New Hampshire zählte im 18. Jahrhundert zu den größten Siedlungen Neuenglands. Heute ist es besonders für seine Kunsthandwerker bekannt.

Gehen wir gleich mal in medias res: Wie schaffen es die neuenglischen Bäume eigentlich, dass sie im Herbst so lichterloh in Flammen stehen? Verantwortlich dafür sind warme Tage und kalte Frostnächte Ende August und im September. Dann hören die Bäume auf, Chlorophyll zu produzieren, das die Blätter im Frühling grün gefärbt hat. Hinter der Chlorophyllschicht versteckt sich eine gelbe und orange Karotin- und Xanthophyll- sowie eine rote Anthocyaninschicht. Ist es unter Tag warm, steigt die Zucker- und die Tanninkonzentration in den Bäumen. Und die bringt dann die strahlkräftigen Farben zum Vorschein. Wanderer, die im Herbst durch die neuenglischen Wälder spazieren, finden dann einzelne Blätter, die das gesamte Farbspektrum für eine kurze Zeit auf sich vereinen.

Eine Reise nach Neuengland hat selbst für amerikanische Reisende einen besonderen Reiz. Sie konsultieren diverse Websites, wann in einer bestimmten Region „foliage peak“ ist, das heißt wann dort die Wälder am schönsten verfärbt sind. Generell kann man sagen, dass die „foliage season“ (von „Indian summer“ spricht hier aufgrund der politischen Korrektheit niemand mehr) an der kanadischen Grenze schon Ende August beginnt und sich bis Ende Oktober bis nach New York City fortsetzt. Aufgrund des Klimawandels haben sich jedoch einige Änderungen ergeben, sodass sich in den letzten Jahren der Höhepunkt des Blätterwandels nach hinten verschoben hat.

Neuengland – das sind die sechs Bundesstaaten Connecticut, Massachusetts, Rhode Island, New Hampshire, Vermont und Maine. Sie umfassen 186 458 Quadratkilometer und sind damit größer als England und der gesamte Bundesstaat Washington im Pazifischen Nordwesten. Die sanften Hügel, Berge und die zerklüftete Küste entstanden durch das Abschmelzen einer Eisschicht vor 18 000 Jahren. In Maine brachte diese sogar eine rosa Granitschicht zum Vorschein. Drei Viertel der Fläche dieses histori-

schen Bundesstaatenverbunds sind bewaldet. Reisende genießen die Gegend außer im Herbst auch im Sommer und im Winter. An den Seen und Flüssen tummeln sich nicht so viele Urlauber wie in Florida. Alles geht hier eine Spur gemütlicher zu. Wer auf ein Schneevergnügen im Winter aus ist, der muss jedoch in Kauf nehmen, dass die Temperaturen manchmal bis auf minus 20 Grad Celsius fallen. Nur im Frühjahr ziehen die nördlichen Bundesstaaten Maine, New Hampshire und Vermont nicht so viele Besucher an. Da herrscht nämlich „mud season", Schlammsaison, und das erste Blatt sprießt gnädigkeitshalber erst Anfang Mai.

Weite Wälder, klare Seen

Von Neuengland ging Ende des 18. Jahrhunderts der Widerstand gegen die britische Oberhoheit aus. „No taxation without representation" lautete die Devise. Die Revoluzzer in den Kolonien wollten nicht weiter Steuer zahlen, wenn sie politisch kein Sagen hatten. Eine romantische Aura haftet der Region in der Vorstellung der Amerikaner an: Weiße Kirchtürme sehen sie dann, alte Farmhäuser, sowie klare Bäche und Seen und unendlich weite Wälder, in denen sich Bären und Elche gute Nacht sagen. Sie werden hier an den Ursprung ihrer Nation erinnert. An die Pilgrimväter und -mütter, die die Region als erste Europäer dauerhaft besiedelten. Die kleinen Dörfer und Städtchen mit der Kirche und dem Rathaus rund um das „town green", den Dorfplatz, sind die Wiege der Vereinigten Staaten. Diese Siedlungen erscheinen den Amerikanern uralt. Wenn ein Haus mehr als 300 Jahre überdauert hat, dann ist es für all jene, die noch niemals vor einer römischen Ruine oder einer gotischen Kathedrale standen, eine Sensation.

Knusperhäuschen

Und jedem Mythos wohnt auch ein bisschen Märchen inne. „Gingerbread houses", Knusperhäuschen, heißen die mit geschnitztem Zierrat versehenen viktorianischen Häuser, auf deren Veranda man die langen Sommernächte ausklingen lassen kann. „Saltbox houses", Salzstreuer, heißen andere rechteckige, anderthalbstöckige mit einem ungleichschenkeligen Satteldach. Auf Cape Cod in Massachusetts wurden während der Kolonialzeit einfache Holzhäuser mit steilem Giebeldach und zentralem Schornstein erfunden, aus dem Rauch vom offenen Kamin weht. Auch im 21. Jahrhundert verwenden Architekten dieses Muster für Neubauten.
In Hollywood gilt Neuengland als beliebter Drehplatz. Ganz simpel beginnt die Handlung. Eine Familie der Oberschicht wohnt in einem fantastisch restaurierten Haus aus der Kolo-

In Northeast Harbor in Maine tummeln sich die teuren Jachten. Dieser Hafen bei Mount Desert ist am einzigen Fjord der Ostküste der Vereinigten Staaten, dem Somes Sound, gelegen.

nialzeit. Es herrscht eitel Sonnenschein, doch plötzlich wird das Familienidyll getrübt. Durch einen die Hauptfigur in den Wahnsinn treibenden Hausgeist oder einen Serienmörder, der sich als friedliebender Nachbar tarnt. Das geht schon seit den 1940er-Jahren so: In „Die Spur des Fremden" versteckt sich ein von Orson Welles dargestellter ehemaliger SS-Kommandant als Geschichtslehrer in einem Internat in Connecticut. In dem Thriller „Im Schatten der Wahrheit" wird die Ehefrau eines Akademikers (Michelle Pfeiffer) in Vermont vom Geist einer jungen Frau verfolgt, mit der ihr Mann (Harrison Ford) ein Verhältnis hatte.
Wieso das mythische Idyll immer als bedroht dargestellt werden muss? Es geht wahrscheinlich auf eine Grundangst der amerikanischen Seele zurück, die sich ab den Gründungstagen der Kolonien in Neuengland nie sorgenfrei fühlte. Ganz verdenken kann man es den ersten Siedlern wohl nicht. Sie breiteten sich über Gebiete der Ureinwohner aus und forderten von diesen Gehorsam. Schließlich betrachteten sie sich selbst als moralisch und wissensmäßig überlegen. Dass sie mit Attacken und Kriegen zu rechnen hatten, ist nicht verwunderlich. Auch in der Natur drohten Gefahren: Wölfe und Bären gab es zuhauf. Und wenn sie, wie Kapitän Ahab in Herman Melvilles Roman „Moby Dick", im Meer vor der Insel Nantucket in Massachusetts auf Fischfang gingen, konnten ihnen riesige Wale schon ganz schön zusetzen.
Wie im Rest der Vereinigten Staaten pochen viele Neuengländer auf ihr verfassungsmäßig garantiertes Recht, eine Waffe zu besitzen. Betritt man ihr Grundstück ohne vorheriges Einverständnis, könnte die Sache schon haarig werden. Selbst Kinder dürfen in Vermont mit einem Gewehr auf Wildjagd gehen, wenn sie vorher einen Jagdkurs besucht haben. Wanderer müssen zu dieser Zeit aufpassen. Sie setzen sich am besten eine leuchtend orange Mütze auf oder ziehen sich eine Weste in derselben Farbe an. Auch mit Pfeil und Bogen dürfen Jäger Elchen und Hirschen nachpirschen. In Maine „ernten" Jäger pro Jahr 3600 von den

23 000 Bären, wie das euphemistisch genannt wird. Es ist gut möglich, dass „leaf peepers", Reisende, die sich einfach die Blätterverfärbung ansehen wollen, auf einer wenig befahrenen Bergstraße hinter einem offenen Laster fahren, auf dessen Ladefläche totes Getier liegt. Dass dieses Grundrecht auf Waffenbesitz revidiert gehört, zeigt das im Dezember 2012 erfolgte Massaker an einer Grundschule im idyllischen Ort Sandy Hook in Connecticut.

Progressive Politik

Neuengland ist jedoch zugleich für seine progressive Politik bekannt. Verschiedene Mitglieder der Kennedy-Familie setzen sich in Massachusetts schon seit Jahrzehnten für liberale Agenden ein. Der „Green Mountain State" Vermont war der erste Bundesstaat, der im Jahr 2000 die eingetragene Lebenspartnerschaft zwischen gleichgeschlechtlichen Menschen erlaubte, Massachusetts genehmigte 2004 als erster Bundesstaat die gleichgeschlechtliche Ehe.

In die einst fast vollkommen auf Land- und Forstwirtschaft konzentrierten Bundesstaaten Vermont, New Hampshire und Maine zogen Anfang der 1970er-Jahre viele junge Menschen auf der Suche nach einem einfacheren Leben. Diese „Hippies" verdingten sich zuerst oft als Skilehrer, eröffneten dann aber auch ihre eigenen Unternehmen oder begannen, ein Kunsthandwerk zu betreiben. Kaum irgendwo anders findet man so viele Galerien, in denen aufwändig gewebte Schals und Tische mit verschlungenen Schnitzereien zum Verkauf angeboten werden.

„Flatlanders", wie hinzugezogene Menschen in den nördlichen Neuenglandstaaten genannt werden, setzten sich früh für den Umweltschutz ein. Zuallererst gründeten sie genossenschaftlich strukturierte Geschäfte, in denen Bioprodukte zum Großhandelspreis verkauft werden. Dann begannen sie in der Politik mitzumischen und für strengere Ökogesetze zu plädieren. Umweltpapst Bill McKibben wohnt im Vermonter Bergdorf Ripton. Von hier aus organisierte er „350.org", eine Demonstration für die Verringerung von Kohlenstoffdioxidemissionen, die 2009 an 5200 Orten in 181 Ländern stattfand. Gemeinsam mit einer Gruppe von Gleichgesinnten protestierte er im August 2011 gegen die Installierung der Keystone-Ölpipeline vor dem Weißen Haus und wurde dafür sogar einige Tage inhaftiert. Sein Beispiel macht Schule. Am Middlebury College, an dem McKibben unterrichtet, fordern Studenten, dass die Eliteuni ihr Kapital aus Unternehmen abzieht, die mit fossilen Brennstoffen und Waffen Geschäfte machen.

„Gingerbread houses", Knusperhäuschen, heißen die viktorianischen Gebäude aus dem 19. Jahrhundert auf der Insel Martha's Vineyard vor Massachusetts. Und tatsächlich scheint es so, als ob aus diesen Knusperhäuschen jeden Moment eine Hexe kommen könnte.

Bildungsmekka

Neuengland ist ja als Bildungsmekka bekannt. Harvard und Yale kennt jeder. Diese beiden Universitäten wurden 1636 beziehungsweise 1701 von protestantischen Geistlichen gegründet, um den Nachwuchs auszubilden. Pastoren von Yale gründeten wiederum im Jahr 1800 Middlebury College, um Bildung in die kaum besiedelte Gegend von Vermont zu bringen. Hier zahlen Studenten pro Jahr heutzutage 60 000 Dollar für eine „liberal arts education", eine geisteswissenschaftliche Ausbildung, die sie zu selbstständig denkenden Weltenbürgern mit einem breit gefächerten Wissen machen soll. Hier können sie sich aber auch auf Umweltwissenschaften oder Gender Studies spezialisieren und dabei herausfinden, welche Rolle das Geschlecht eines Menschen oder einer Menschengruppe in einer spezifischen umweltpolitischen Situation spielt. Middlebury steht in harter Konkurrenz zu anderen Colleges in bukolischer Umgebung wie Williams und Amherst. Diese Rivalitäten werden bei Sportturnieren ausgetragen, denn die Colleges lassen sich von dem Prinzip „mens sana in corpore sano" leiten und investieren Unsummen in ihre athletischen Programme. Eine in Neuengland überaus beliebte Sportart ist Lacrosse. Diesen Ballsport erlernen die betuchten Studenten schon beim Besuch eines „prep school" genannten Internats. Die Spieler müssen dabei einen Hartgummiball mit einem Schläger fangen, an dessen oberes Ende ein Netz gespannt ist. Mit diesem Schläger versuchen sie dann, den Ball in ein Tor zu schießen.

In den neuenglischen Eliteuniversitäten gaben vor ein paar Jahrzehnten noch männliche „WASPs", White Anglo-Saxon Protestants, den Ton an. Ab den 1980er-Jahren versuchten die Rektorate, die kulturelle Vielfalt unter ihren Studenten zu fördern und mit lukrativen Stipendien nicht-weiße Studenten anzuwerben. Für diese ist es manchmal schwer, nach Vermont, New Hampshire und Maine zu kommen, wo circa 94 beziehungsweise 98 Prozent der Bevölkerung weiß sind.

In den südlichen Bundesstaaten Neuenglands, Connecticut, Rhode Island und Massachusetts, sieht es da schon etwas besser aus. Hier liegt der Anteil an Afroamerikanern und Latinos bei

durchschnittlich acht bis zwölf Prozent. Boston ist eine kosmopolitische Stadt. Besucher können in der alten North End Waterfront am 15. August beim Fest der italoamerikanischen Fischer teilnehmen, bei dem eine Madonna durch die Straßen getragen wird. Oder sie tanzen am ersten Wochenende im September Samba zum brasilianischen Nationalfeiertag am Charles River.
„Yankees" werden die Nachfahren der englischen Siedler vom Rest der Vereinigten Staaten genannt. In Maine und Vermont, nahe der kanadischen Grenze, wohnen auch die Ururururenkel französischer Siedler, die sich hier niederließen, als die Grenzen zwischen „New France" (heute die Provinzen Québec, Nova Scotia und New Brunswick) und New England noch fließend waren. Sie lieferten sich im Siebenjährigen Krieg von 1754 bis 1762 erbitterte Schlachten. Das unweit von der Vermonter Grenze gelegene Fort Ticonderoga am Lake Champlain ist noch ein steinerner Zeuge dieser Zeit, in der James Fenimore Cooper auch die Handlung seines Romans „Der letzte Mohikaner" ansiedelte.

Gemeinschaftsgefühl

Blättert man im Telefonbuch findet man Familiennamen wie Brewster und Hopkins, die sich bis auf mit der „Mayflower" angereiste Vorfahren zurückverfolgen lassen. Aber auch Laframboise und Duclos sind nicht selten zu finden. Im Arostook County im nördlichen Maine sprechen fünf Prozent der Bevölkerung sogar noch französisch. Beim jährlichen „town meeting" sitzen die Duclos in der Dorfbibliothek neben den Brewsters und entscheiden darüber, ob sie das Schulbudget, das aus ihrer Grundsteuer geschöpft wird, genehmigen. „Town meetings" gehen auf die puritanischen Gründer der Plymouth Plantation und der Massachusetts Bay Colony zurück, die dieses Forum der direkten Demokratie einführten. Obligatorisch ist dann ebenso ein großer „pie sale", bei dem hausgemachte Apfel- und Spinattörtchen für einen wohltätigen Zweck verkauft werden. Überhaupt ist in den Kleinstädten und Dörfern Neuenglands das Gemeinschaftsgefühl spürbar. Die „Yankees" sind vielleicht nicht die charmantesten Zeitgenossen, sie zeichnen sich eher durch eine direkte, lakonische Art aus. Als eine Reisende zum Beispiel in ein Geschäft in New Hampshire kam und durch eine Zeitungsschlagzeile erfuhr, dass Prinzessin Diana bei einem Verkehrsunfall schwer verletzt worden war, fragte sie eine Verkäuferin im Overall, ob die berühmteste Blondine Großbritanniens überlebt hätte. „Nope, she's dead", sagte diese nur kurz und bündig, ohne mit der Wimper zu zucken.

Nauset Harbor auf Cape Cod wurde bereits vor 4000 Jahren besiedelt. Die Pilgerväter kamen im Jahr 1620 in die Siedlung und schleppten Krankheiten ein, gegen die die ansässigen Nausets keine Abwehrkräfte besaßen.

Trotz der rauen Oberfläche sind die Neuengländer äußerst hilfsbereit. Man muss nur mit dem Auto im Schnee stecken bleiben und schon kommt der Nachbar mit einer Schaufel gelaufen. Es gibt kaum einen Bürger dieser Gegend, der sich nicht für einen karitativen Zweck einsetzt: Ob man sich nun beim Tierschutzverein betätigt und ein paar Mal pro Woche mit ausgesetzten Hunden spazieren geht oder in der Grundschule einer Gruppe von leseschwachen Schülern auf die Sprünge hilft.
Fast könnte man meinen, Neuengland präsentiert sich wie eine Illustration des Künstlers Norman Rockwell, der die (weiße) amerikanische Familie in der „Saturday Evening Post" über mehr als 40 Jahre als unverdorben darstellte und dessen Werk in Stockbridge, Massachusetts, in einem Museum ausgestellt ist.

Makellos und unverfälscht

Fährt man auf den großen Highways und den Landstraßen Vermonts und Maines, fällt einem ins Auge, dass nirgendwo die sonst im Land üblichen riesigen Plakatwände zu finden sind, wodurch die Sicht auf die Natur nicht verstellt wird. Die Verordnungen dafür traten in den 1960er- und 1970er-Jahren in Kraft. „Pristine" ist ein Adjektiv, das oft zur Beschreibung dieser Landschaft verwendet wird. Es lässt sich nicht so leicht übersetzen, aber „makellos" und „unverfälscht" kommen wohl am nächsten. Wenn im Herbst die Sonne von einem tiefblauen Himmel strahlt und die gelben und roten Bäume vor diesem Hintergrund leuchten, dann wissen Reisende, dass sie an einem ganz besonderen Ort angelangt sind. Schon vor hundert Jahren schätzten Industriebarone und ihre Familien die unverdorbene Natur. Sie ließen an der Küste von Maine, Massachusetts und Rhode Island palastartige Villen bauen. Einige von ihnen zog es jedoch auch in das Innenland Neuenglands. Der Eisenbahnmagnat William Seward und seine Frau Lila Vanderbilt Webb ließen 30 Farmen am 200 Kilometer langen Vermonter Lake Champlain zusammenlegen und einen Musterbauernhof bauen. Der Gartenarchitekt Frederick Law Olmsted, der auch den New Yorker Central

Gletscher formten den Somes Sound, den einzigen Fjord an der Ostküste der USA, vor etwa 14 000 Jahren. Die fünf Kilometer lange Bucht umrahmen drei Berge.

Park gestaltet hatte, legte Hand an die Gründe. Für sich und ihre Familie errichteten die Seward-Vanderbilt-Webbs ein neo-gotisches Herrenhaus, das heute als Hotel genutzt wird. Sitzt man auf der Restaurantterrasse der „Shelburne Farms“ und blickt über den kunstvoll gestalteten Garten auf den weiten See, weiß man, dass es nicht einmal an der französischen Riviera schöner sein könnte. In der Farm wird auch ein hervorragender Cheddar-Käse hergestellt, der – im Unterschied zu den neonorangen aus Wisconsin – natürlich hellgelb gefärbt ist.

Die Schwiegertochter von William Seward und Lila Vanderbilt Webb, Electra Havemeyer Webb, hatte Anfang des 20. Jahrhunderts schon eine Leidenschaft für amerikanische Volkskunst erfasst. Unweit des Guts ihrer Schwiegereltern ließ sie 1947 das „Shelburne Museum“ errichten. Für ihre Sammlungen von altem Zinngeschirr, Wetterhähnen, Kutschen und 150 000 anderen Exponaten kaufte sie auch alte neuenglische Gebäude an und ließ sie nach Vermont überstellen. Unter den 39 Gebäuden des Freilichtmuseums findet sich ein Gefängnis, ein Leuchtturm sowie ein Dampfschiff. Der Höhepunkt ist jedoch das Haupthaus im griechisch-kolonialen Stil, in dem sie ihr gesamtes New Yorker Apartment von der Park Avenue installierte. Hier bestaunen Besucher kostbare Werke von Claude Monet und Edgar Degas sowie ein Pastellbild der amerikanischen Impressionistin Mary Cassatt, das Electra Havemeyer Webb als Mädchen sowie ihre Mutter Louisine darstellt.

Eine von Electras Urenkelinnen betreibt in einem nahe gelegenen Dorf heutzutage ein Geschäft, in dem Schokolade von Hand hergestellt wird. In Neuengland hat es in den letzten Jahren nämlich ein Revival von Kleinbetrieben gegeben, die hochqualitative Nahrungsmittel in Kleinstmengen produzieren. „Shelburne Vineyards“ nutzt zum Beispiel die Tatsache aus, dass die Temperaturen in Neuengland steigen und baut seit ein paar Jahren Wein an. Vermonts größte Stadt, Burlington, ist als Biermetropole bekannt, haben sich in ihrem Umkreis doch „microbreweries“ niedergelassen. „Switchback Ale“ und „Magic Hat Brewery“ erzeugen Bier-

sorten, die auch Kenner aus Europa überzeugen. Ihren Siegeszug durch die ganze Welt trat die Eismarke „Ben & Jerry's" von Waterbury, Vermont an. Ben Cohen und Jerry Greenfield absolvierten 1977 einen Fernkurs über Eisproduktion. Ihr Unternehmen, in dem der oberste Chef nicht mehr als 35 Mal so viel verdienen durfte wie der Arbeiter mit dem geringsten Einkommen, wurde im Jahr 2000 von Unilever gekauft. Jetzt kennt man auch in Moskau die Eissorte „Chunky Monkey", Bananeneis mit Walnüssen und Schokostücken.

Snow days

Und wenn wir schon beim Gefrorenen sind, seien ein paar Bemerkungen über das Wetter in Neuengland erlaubt: Wenn ein „Nor'easterner" an einem Tag einen Meter Schnee auf die Landschaft wirft, dann bleibt man am besten zu Hause. Auch die Schule wird dann abgesagt und die verpasste Zeit wird im Juni als „snow days" aufgeholt. Wenn der Schneefall nachgelassen hat, wagen sich wahre Eisbären zum Fischen auf die zugefrorenen Seen hinaus. Sie hacken dann ein Loch in die zehn Zentimeter dicke Eisdecke und hängen ihre Angel hinein. Zu den besten Stellen fahren sie mit ihrem Geländewagen und errichten sogar eine kleine Hütte, in der sie ihre Gerätschaft aufbewahren und hin und wieder einen den Bauch wärmenden Schluck Brandy nehmen. „Flatlander" haben bei diesem einheimischen Vergnügen jedoch nichts zu suchen!

Seite 22/23: *Herbstidylle in Newfane, Vermont: Wenn die Sonne scheint, leuchten die Bäume in ihrer ganzen Farbpracht.*

Seite 24/25: *Der Mount Tom State Park, hier nahe Bantam, bietet Besuchern eine unvergleichliche Sicht auf das Connecticut-Tal und die Berkshire Berge. Bewohner aus der Gegend gehen hier fischen und jagen.*

DO NOT ENTER
DO ENTER

Vom James River aus lässt sich leicht erkennen, dass Boston auf mehreren Hügeln erbaut wurde. Die historischen Gebäude schmiegen sich nahtlos an die Wolkenkratzer.

Als „Stadt auf dem Hügel", die allen anderen als Vorbild dienen sollte, ersann der puritanische Prediger John Winthrop die Stadt Boston, die er gemeinsam mit einer Gruppe von 500 Auswanderern aus England 1630 gründete. Seit damals versuchen viele Bewohner der Stadt, diesem Bild zu entsprechen, ob es nun Widerstandskämpfer wie Paul Revere sind, die bei der „Boston Tea Party" 1773 eine Schiffsladung Tee ins Meer schmissen und die kolonialen Truppen vor den britischen Angreifern warnten oder die „Brahmanen von Boston" – jene betuchten Nachfahren der Puritaner, die im 19. Jahrhundert wortgewandt gegen die Sklaverei auftraten.
Die bis ins 17. Jahrhundert größte Stadt der USA ist anmutig an mehreren Buchten sowie dem Charles und dem Mystic River gelegen. Der Großteil ihrer drei Hügel ist zwar abgetragen, doch können Besucher noch erahnen, wie es in der Kolonialzeit ausgesehen hat, wenn sie am Beacon Hill vorbei an historischen Gebäuden bergauf und bergab gehen. In nur ein paar Minuten erreichen Reisende den Harvard Square in Cambridge auf der anderen Seite des Charles River. Cambridge ist eigentlich eine eigene Stadt. Die Harvard Universität brachte acht amerikanische Präsidenten und 75 Nobelpreisträger hervor. Als Joseph Kennedy als Enkel irischer Einwanderer die Aufnahme an der Eliteuniversität schaffte, sicherte er sich das grundlegende Wissen für seine spätere politische Dynastie.
Wie viele andere Einwohner aus der 6,7 Millionen großen Metropole von Greater Boston urlauben Joseph Kennedys Enkel und Urenkel auch heute noch auf Cape Cod. Nur dass ihre mit weißen Schindeln und Giebeldächern bestückte Villa in Hyannis Port ungleich viel größer ist als die Durchschnittshäuser. Hier segelt und surft man und fährt in Booten auf das weite Meer hinaus, um den Walen beim Dümpeln zuzusehen.

ambridgeSide
CHARLES I
53
9

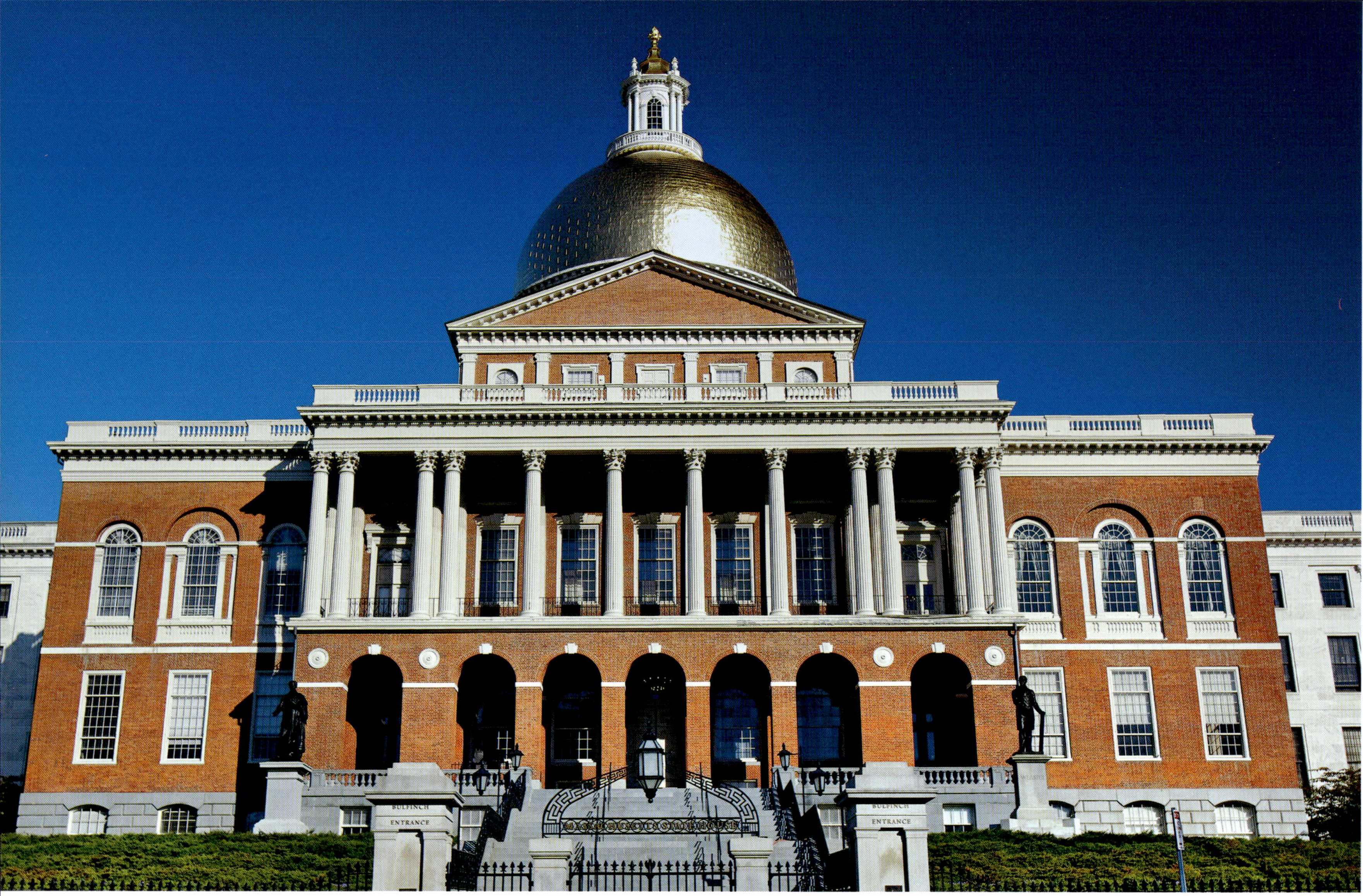
BULFINCH
ENTRANCE
MASSACHUSETTS STATE HOUSE
BULFINCH
ENTRANCE

Linke Seite oben:
Das State House von Massachusetts in Boston wurde bereits im Jahr 1789 errichtet. Seine Kuppel ist mit 23-karätigem Gold verkleidet.

Ganz links:
In der Old West Church von Boston versammelten sich einst Siedler, die die britische Kolonialherrschaft abwerfen wollten. „No taxation without representation“ wurde hier zum ersten Mal skandiert.

Links:
Die Trinity Church in Boston wird in jedem Architekturführer als Paradebeispiel für „Richardsonian Romanesque“ genannt. Henry Hobson Richardson kreierte im 19. Jahrhundert einen Stil, in den romanische Elemente aus Frankreich, Spanien und Italien einflossen.

Ganz links:
Im Old State House wurde im Jahr 1776 die Amerikanische Unabhängigkeit verkündet. In dem Museum können Besucher sogar Tee der „Boston Tea Party“ sehen.

Links:
Im Custom House Building, dem einstigen Zollamt von Boston, wurden Postsendungen aus dem Ausland abgefertigt. Heute ist es im Besitz des Marriott-Hotelkonzerns.

Linke Seite unten:
Der 97 000 Quadratmeter große Stadtpark von Boston ist im Herzen der Stadt gelegen. Er umfasst auch eine Lagune mit einer hübschen Brücke aus dem Jahr 1867.

Unten:
Die Newbury Street verläuft durch die Back Bay, einem Bostoner Bezirk mit gut erhaltenen viktorianischen Sandsteinhäusern. Der Stadtteil entstand infolge eines Landgewinnungsprojekts und ist tatsächlich auf Wasser gebaut.

Ganz unten:
Eng winden sich die Straßen durch Beacon Hill, den ältesten Stadtteil von Boston. Hier ließen sich im 17. Jahrhundert die ersten Siedler nieder. Heute zählt der Bezirk zu den teuersten Wohngegenden der Stadt.

Rechts:
Über das Kopfsteinpflaster der Acorn Street des Stadtteils Beacon Hill trotteten schon die Pferde der begüterten ersten Bürger. Sie ist eine der am meisten fotografierten Straßen der USA.

Unten:
Auf dem Langham Square mit seinen schönen Bäumen und idyllischem Brunnen ruhen sich die Bostoner Bankiers aus dem Finanzbezirk gern in der Mittagspause aus.

Ganz unten:
Auf dem Kings Chapel-Friedhof fand John Winthrop, der Gründer von Boston, seine letzte Ruhestätte. In die Kirche kamen die Puritaner aber nicht so gern, da sie dem anglikanischen Ritus folgte.

Rechts:
Ruhepause an der Lagune des Boston Public Garden. Der bekannte amerikanische Architekturhistoriker Lewis Mumford lobte Boston schon Anfang des 20. Jahrhunderts dafür, dass man inmitten des Häusermeers auch viel Platz für Grünflächen fand.

THE FAMILY JEWELS
JEWELRY SCRIMSHAW GIFTS

Links:
In Provincetown auf Cape Cod konzentrierte sich im 19. Jahrhundert die Fischerei- und Walfangindustrie. Im 20. Jahrhundert erkor Amerikas homosexuelle Bevölkerungsgruppe die Stadt zu ihrem Lieblingsferienort. Dementsprechend bunt gibt sich die Stadt.

Unten:
Happy Hour in Provincetown: Wenn sich die Sonne in Richtung Horizont bewegt, ist Zeit für einen Cocktail.

Oben:
Hummer gehen auf Cape Cod, zum Beispiel in einem Restaurant in Provincetown, weg wie warme Semmeln. Und schmecken auch außerordentlich gut, wenn sie in einem Brötchen als Salat serviert werden.

Rechts:
Vor dem Chatham Bars Inn-Luxushotel erstreckt sich eine endlos lange Düne. Gäste können hier wunderbar lange in der Chatham Bay spazieren gehen oder im Meer schwimmen.

Links:
In der Chatham Bay auf Cape Cod geht die Sonne auf. Ein einsames Fischerboot fährt auf den weiten Ozean hinaus.

Seite 38/39:
Das Luxushotel Chatham Bars Inn empfängt schon seit 1914 Gäste. Viele Brautpaare feiern hier ihre Hochzeit. Das traditionelle Dekor verstärkt den Eindruck von neuenglischer Gediegenheit.

Goldene Küste – Connecticut, Rhode Island und Massachusetts

Nach Martha's Vineyard zieht es die amerikanische Oberschicht im Sommer. Dann steigt die Bevölkerung der Insel im Bundesstaat Massachusetts von 15 000 auf 100 000 an. Auch Bill und Hillary Clinton gehören zu den Stammgästen.

Wenn Bewohner der großen Ballungszentren an der Ostküste so richtig ausspannen wollen, müssen sie keine Fernreise antreten. In der Küstengegend und den malerischen Dörfern von Connecticut, Rhode Island und Massachusetts legt die Hektik eine Ruhepause ein.
Die „goldene Küste" beginnt gleich vor New Yorks Haustür. Die am Long Island Sound gelegenen Städtchen Greenwich und Stamford in Connecticut sind nur so mit Villen gespickt. Die hier wohnenden Millionäre und Milliardäre tragen dazu bei, dass der Bundesstaat sich des höchsten Pro-Kopf-Einkommens rühmen darf. Reisende, die Neuengland von New York aus erkunden, fahren vielleicht hier vorbei. Oder sie machen einen Abstecher in den Bezirk Litchfield im Nordwesten, in dessen sanftem Hügelland im Sommer ein von der Universität Yale organisiertes Kammermusikfestival stattfindet. Auch die in Reservaten lebenden Mashantucket-Pequot- und Mohegan-Indianer tragen zum Reichtum des Bundesstaates bei. Ihre beiden Kasinos bei Stonington und Uncasville spielen pro Jahr eine Milliarde Dollar ein.
Mit einer Ausdehnung von 77 mal 60 Kilometern ist Rhode Island der flächenmäßig kleinste Staat der USA. Reisende zieht es hier vor allem in den Küstenort Newport, den die Industriemagnaten des 19. Jahrhunderts zu ihrer Spielwiese erkoren. Sie besichtigen auf einer Tour wahre Paläste im Neo-Renaissance- und Rokokostil. So ließ sich hier der Schiffs- und Eisenbahnkönig Cornelius Vanderbilt „The Breakers" bauen, ein Schloss mit 70 Zimmern, in denen an Marmor, Alabaster und Kristall nicht gespart wurde. Beim Jazz-Festival der Stadt treten Größen wie Herbie Hancock auf.
Fans des Boston Symphonic Orchestra zieht es im Sommer in die Berkshire-Berge. Obwohl Massachusetts mit Boston die inoffizielle Hauptstadt von Neuengland stellt, ist 62 Prozent seiner Fläche von Wäldern bedeckt. Beim Musikfestival von Tanglewood treten Orchestermitglieder auf. Andere vertreiben sich auf dem alten Mohikaner-Pfad die Zeit oder kaufen in der Künstlerkolonie Tyringham Keramikwaren ein.

AURORA

Oben:
Wer im Sommer auf Martha's Vineyard Einsamkeit genießen will, der muss früh aufstehen. Die Felsen von Gay Head Cliffs waren schon den amerikanischen Ureinwohnern heilig.

Rechts:
Wenn die Hautevolee im September aus Martha's Vineyard abgezogen ist, genießen Pensionisten einen ruhigen Urlaub. Sie setzen sich dann am Strand zusammen und erzählen sich vielleicht Geschichten aus ihrer Vergangenheit.

Links:
Am Strand von Menemshaw filmte Steven Spielberg seinen Kassenschlager „Der Weiße Hai“. In dem Dörfchen leben Familien, die sich schon seit Generationen im Fischfang verdingen.

Rechts:
Rad- statt Autofahren heißt die Devise auf Martha's Vineyard, hier in West Tishbury. Die „down island"-Route von Vineyard Haven nach Oaks Bluff und Edgartown ist 40 Kilometer lang und verläuft eben.

Unten:
Im 19. Jahrhundert war Edgartown ein Zentrum der Walfangindustrie. Schiffe aus der ganzen Welt dockten hier an und Kapitäne ließen sich große Villen bauen.

Oben:
Die Häuser in Oaks Bluff auf Martha's Vineyard sehen so aus, als ob sie mit gesponnenem Zucker verziert wären.

Links:
In Vineyard Haven kommen Besucher an, wenn sie mit der Fähre auf die Insel übersetzen.

Von Henry David Thoreau bis John Irving – Neuenglands Schriftsteller

Vom 19. Jahrhundert an ließen sich Neuenglands Schriftsteller und Dichter von den Wäldern, Bergen, Pflanzen und Tieren in ihrer Umgebung inspirieren. Neuengland ist der Geburtsort des Transzendentalismus, einer ersten, auf amerikanischem Boden entstandenen Philosophie. Nachfahren der Puritaner glaubten nicht mehr an die angeborene Verderbtheit der Seele, sondern betrachteten den Menschen und die Natur als von Grund auf gut. Der ideale spirituelle Zustand ginge weit über materielle Eindrücke hinaus. Gott erlebe man selbstständig durch Intuition.

Extremer Individualismus

Henry David Thoreau (1817–1862) lebte diesen extremen Individualismus auch aus. Auf Anregung seines Freundes, des Schriftstellers Ralph Waldo Emerson (1803–1882), zog er 1845 in dessen Holzhütte am Walden-Teich in Massachusetts. Zwei Jahre lang lebte er allein in den Wäldern. Sein Buch „Walden“ hat heute noch Vorzeigecharakter unter Umweltaktivisten. Thoreau beschreibt darin, wie er Bohnenpflanzen großzieht, Brot bäckt und Bäume fällt. Zwischendurch stellt er Naturbeobachtungen an, deren sprachliche Präzision ihm einen Platz im literarischen Pantheon Amerikas sicherte. „Walden Pond“ ist heute ein Freilichtmuseum. Auch Thoreaus Geburtshaus und Emersons Wohnhaus im nahe gelegenen Concord, Massachusetts, sind noch in ihrem Originalzustand erhalten.

Die Dichterin Emily Dickinson (1830–1886) zog ebenfalls ein Leben in der Einsamkeit vor. Sie verließ ihr Elternhaus in der idyllischen Collegestadt Amherst in Massachusetts ab ihrem vierzigsten Lebensjahr nicht mehr. Den Großteil ihrer Zeit widmete sie ihren Gedichten, die in ihrer bildlichen Sprache richtungsweisend für moderne Poeten waren. Dickinson pflegte auch einen riesigen Garten. Wenn sie in ihren Gedichten Enzian und Buschwindröschen beschrieb, dann stehen diese stellvertretend für die ewigen Dinge, die den Menschen bewegen: Liebe und Vergänglichkeit. Mit 8000 Objekten aus ihrem Leben bestückt, gibt ihr Elternhaus einen guten Einblick in ein Leben in gesellschaftlicher Abgeschiedenheit.

In einer ähnlich kargen Hütte wie Henry David Thoreau wohnte einer der wichtigsten amerikanischen Dichter des 20. Jahrhunderts: Robert Frost (1874–1963). Im Vermonter Bergdorf Ripton war er nicht weit von der „Breadloaf School of English“ des Middlebury College entfernt, wo er im Sommer andere Wortschmiede unterrichtete. Vier Pulitzer-Preise erhielt er für seine Gedichte. Sein berühmtestes ist wohl „The Road Not Taken“, in dem er beschreibt, wie sich zwei Wege im Wald teilen. Es ist eine Allegorie auf unsere Lebensentscheidungen. Wir können niemals wissen, wie sich unser Leben entwickelt hätte, wenn wir zu einem bestimmten Zeitpunkt einen anderen Weg eingeschlagen hätten.

Robert Frosts Biograf Jay Parini (*1948) lehrt ebenfalls am Middlebury College. Er schrieb auch Biografien über Literaten wie William Faulkner und den deutschen Philosophen Walter Benjamin. Er versteht es, seine Charaktere so lebendig zu gestalten, dass die Biografien weit über historische Fakten hinausgehen. Sein Tolstoi-Buch „The Last Station“ wurde als „Ein russischer Sommer“ mit Helen Mirren und Christopher Plummer verfilmt.

Parinis Kollegin Julia Alvarez (*1950) hat Kultstatus unter Feministinnen. Als erste „Latina“-Autorin schaffte sie in den Vereinigten Staaten Anfang der 1990er-Jahre den Durchbruch. In Romanen wie „How the García Girls Lost Their Accent“ beschreibt sie, wie vier Schwestern die Migration von der Dominikanischen Republik in die USA erleben und, in ihrem Fall, die Anpassung an ein neuenglisches Umfeld.

Irrwitzige Handlungsabläufe

Ebenfalls in Vermont wohnt John Irving (*1942). Neuengland ist aus seinen Werken nicht wegzudenken. In irrwitzigen Handlungsabläufen stellt er in Romanen wie „Letzte Nacht in Twisted River“ und „In One Person“ Charaktere aus den Dörfern und Kleinstädten Neuenglands dar: Holzfäller aus Maine kommen da ebenso vor wie transsexuelle Bibliothekarinnen. Dabei nimmt er auch auf brisante Themen wie Abtreibung und den Rechtsruck im Land Bezug. Dass seine Werke in den USA nicht so erfolgreich sind wie im Ausland, bewertet Irving lapidar: „Die Amerikaner sind zu puritanisch und verklemmt.“

Links:
Die aus der Dominikanischen Republik stammende Autorin Julia Alvarez schreibt transnationale Geschichten in ihrer neuen Heimat Vermont.

Oben:
Im Sleepy Hollow-Friedhof in Concord, Massachusetts, ruhen unter anderem Louisa May Alcott, Ralph Waldo Emerson, Nathaniel Hawthorne und Henry David Thoreau.

Kleine Bilder rechts, von oben nach unten: Dieses vor kurzem entdeckte Foto von Emily Dickinson und ihrer Freundin Kate Scott Turner zeigt eine reife, selbstbewusst scheinende Frau, die gar nicht dem Mauerblümchen gleicht, das sich ihre Leser oft vorstellen.

Nathaniel Hawthorne schenkte der Welt seinen Roman „Der scharlachrote Buchstabe“. Darin beschrieb er, wie Ehebruch unter Puritanern geahndet wurde. Hawthornes eigener Großvater urteilte in Hexenprozessen.

Das Leben des Dichters Robert Frost beschrieb der zeitgenössische Autor Jay Parini in einer Biografie. Für beide war und ist Vermont ein idyllischer Lebensmittelpunkt.

Skurrile und makabre Handlungen siedelt John Irving in Neuengland an. Der Autor von „Garp und wie er die Welt sah“ lebt selbst in einem kleinen Dorf in Vermont.

Unten:
Graue Schindelhäuser sind typisch für die Architektur Neuenglands. Am Anfang sind die Häuser noch braun, dann aber nimmt die Fassade Patina an.

Ganz unten:
Auf der M.V. Nantucket tuckern Urlauber der Insel entgegen. Sie setzt auch nach Martha's Vineyard über.

Rechts:
Frische Fische und Hummer bringen die Boote in den Hafen von Menemshaw auf Martha's Vineyard.

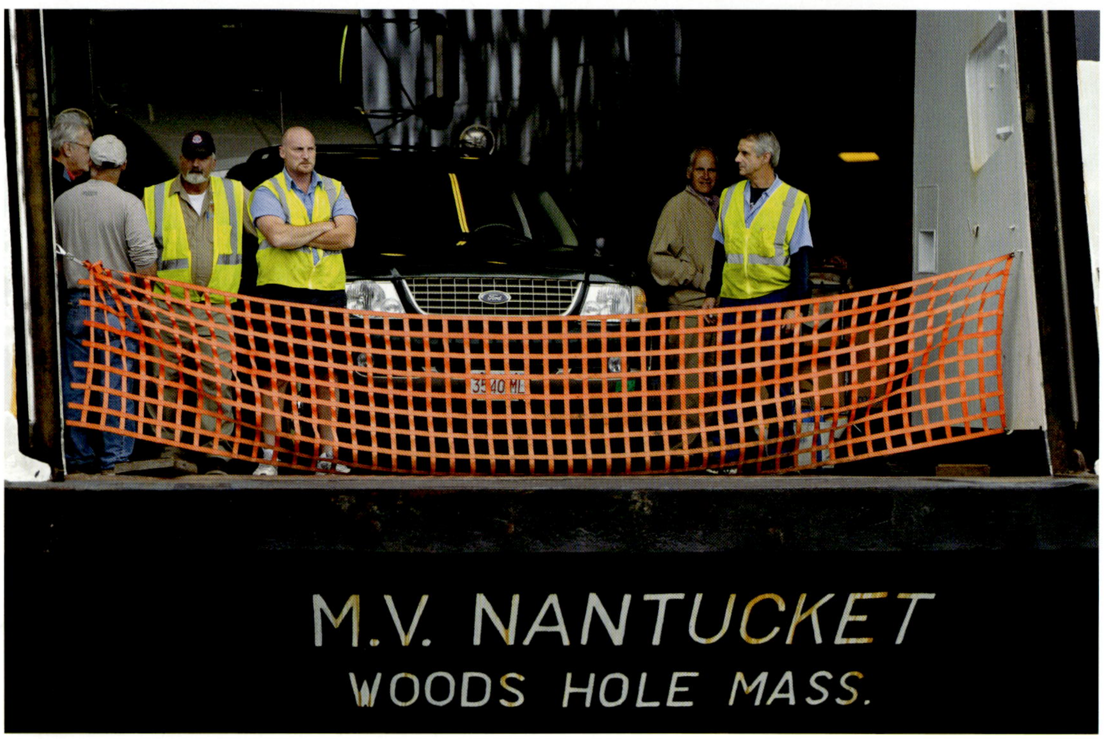

Super Sea Saw II
MENEMSHA

TREK
TREK

Linke Seite:
Mit dem Fahrrad zum Strand: Sport- und Freizeitvergnügen in einem, hier am Brant Point Beach auf Nantucket Island, Massachusetts.

Urlauber blicken von der Fähre erwartungsvoll auf die Küste von Nantucket. Die Erholung kann beginnen.

In den Hafen von Nantucket schwimmen manchmal auch zehn Meter lange Wale hinein. Dann muss die Küstenwache ihr Möglichstes tun, um sie wieder auf den weiten Ozean hinauszugeleiten.

Oben:
Ein Fischerboot in Gloucester, Massachusetts: In dieser Stadt wurde im Jahr 1713 angeblich der erste Gaffelschoner, ein großes Segelschiff, gebaut.

Rechts:
Bei Gloucester traf 1991 ein sehr starker Sturm auf die Küste. Dieses Ereignis war die Grundlage für Wolfgang Petersens Katastrophenfilm „Der Sturm“.

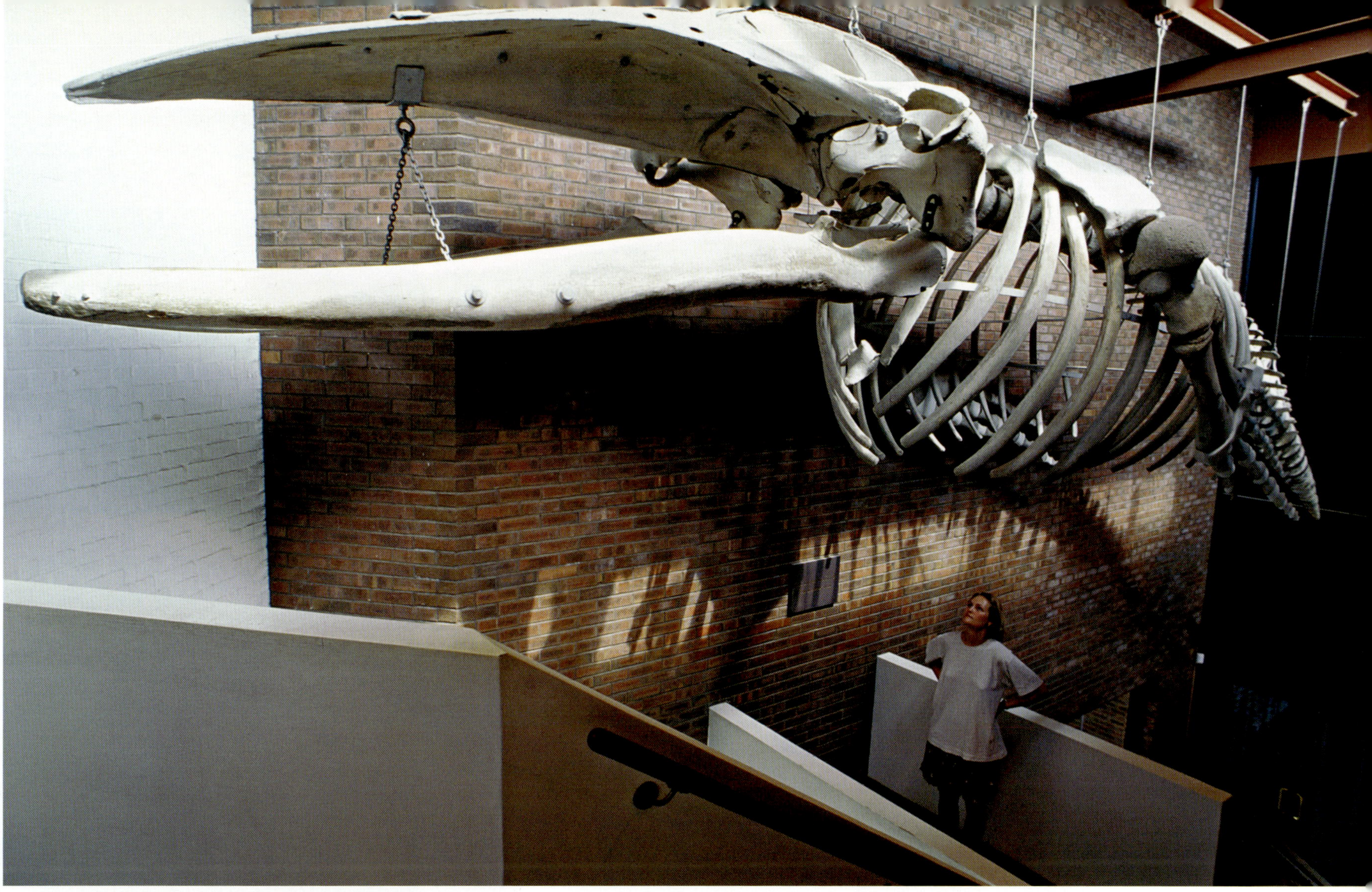

Oben:
Das Whaling Museum in New Bedford sammelt seit über 100 Jahren Artefakte, die mit dem Walfang zu tun haben. Darunter befinden sich auch Walskelette.

Ganz links:
Über 200 000 Exponate hat das Walfangmuseum zusammengetragen, darunter 2500 Logbücher und Kunstwerke, die das Meer zum Gegenstand wählten.

Links:
Souvenirshops mit allerlei Kuriositäten machen auf Nantucket ein gutes Geschäft.

Unten:
Das Städtchen Rockport liegt auf Cape Ann und ist auf drei Seiten vom Ozean umgeben. Der Ort ist vor allem für seine Hummerfischerei bekannt.

Ganz unten:
Mit dem Ruderboot kommt man auf dem Meer zwar nicht weit, aber wenigstens trainiert man die Muskeln.

Rechts:
Rockport ist eigentlich schon fast ein Vorort von Boston. Hier finden sich riesige Einfamilienhäuser und Gärten. Auf dem Weihnachtsmarkt klingeln nicht die Jingle Bells, sondern die Meeresmuscheln.

HAULIDAY
GENNY W.

Oben:
Das „Landfall Restaurant“ in Woods Hole auf Cape Cod liegt direkt am Wasser. Im Laufe seines 60-jährigen Bestehens überstand es schon einige Hurrikans. Besitzer David Eskes kann ein Lied davon singen.

Rechts:
Robert Ryan von der „Ryan & Wood Distillery“ in Gloucester ist stolz auf seine Spirituosen. Er produziert Rum, Whiskey, Wodka und Gin, wie es sich für einen echten Seemann gehört.

Links:
Beth Colt führt den Woods Hole Inn auf Cape Cod. Sie stylte ihr gemütliches Hotel nach historischen Vorgaben, aber mit modernen schicken Elementen. Zum Frühstück serviert sie Spezialitäten wie Bread Pudding und Breakfast Tacos.

Unten:
In Deerfield, Massachusetts, findet sich noch ein echter Diner. Für diesen typischen Schnellimbissladen wurde ein ausrangierter Speisewagen eines Zuges wiederverwertet.

Rechts:
Das Shaker Village Museum in Hancock, Massachusetts, bewahrt das Erbe einer religiösen Gemeinschaft, der der Heilige Geist in einem rituellen Schütteltanz einfuhr. In Hancock bestand sie von 1830 bis circa 1960.

Unten:
Zwei Schauspielerinnen arbeiten im Freilichtmuseum Plimoth Plantation. Sie putzen das Geschirr, bis es blitzt.

Oben:
In dieser historischen „Soda Fountain“ in der Town of Lee wird Coca Cola mit Kirschgeschmack ausgeschenkt.

Links:
Die Shaker waren für ihre schlichten, modern wirkenden Holzmöbel bekannt. Hier webt eine Museumsangestellte im Shaker Village Museum in Hancock einen Bettvorleger.

Von Pilgern und Puritanern – lebendige Geschichte

Das neue Kanaan“ vermeinten aus England emigrierte, strenggläubige Calvinisten in Massachusetts gefunden zu haben. Den ersten Winter überlebten sie jedoch nur mithilfe der Wampanoag-Indianer.

Die Zeit ist im Jahr 1627 stehen geblieben. „Good morrow. How do you fare, goodwife?“, grüßt eine Frau mit weißem Stoffhäubchen und einem Mieder aus grobem Leinen die in Shorts gekleidete Besucherin der „Plimoth Plantation“. Sie sitzt vor ihrem strohbedeckten Holzhaus und rupft ein Huhn. Hin und wieder wendet sie den Blick in die Ferne, auf den weiten Ozean. Hinter ihrem Haus jätet ein Mann in einem violetten Wams den Gemüsegarten. Er stellt sich als Samuel Fuller vor und beginnt bereitwillig zu erzählen. Wie schwer die Schiffsreise auf der „Mayflower“ war und wie viele seiner Glaubensbrüder gleich nach der Ankunft im heutigen Bundesstaat Massachusetts an der großen Epidemie verstarben. Fragt ihn ein Besucher, ob seine Nachfahren an der „Boston Tea Party“ im Amerikanischen Unabhängigkeitskrieg teilgenommen haben, schaut er sie nur verwirrt an. Denn wenn er versucht hätte, mithilfe einer Kristallkugel in die Zukunft zu blicken, wäre er 1627 der Hexerei angeklagt worden.

Historisch authentisch wollen die Kuratoren des Freilichtmuseums „Plimoth Plantation“ die erste englische Siedlung in Neuengland präsentieren. Der Wissensstand der Schauspieler reicht daher scheinbar nur bis zum ersten Drittel des 17. Jahrhunderts. Und auch mit dem gängigen Bild der in schwarz gekleideten Pilgerväter und -mütter wird hier aufgeräumt. Mr. Fuller, Mr. Hopkins und Co. dürfen sich den neu recherchierten Gepflogenheiten ihrer Zeit entsprechend farbig kleiden.

Die puritanischen Pilgerväter, die sich selbst eigentlich nur „saints“, „Heilige“, nannten, erreichten die Halbinsel Cape Code auf der 80 Tonnen schweren „Mayflower“ am 11. November 1620. Da der Boden in der Nähe der heutigen Stadt Provincetown zu sandig war, segelten sie nordwärts und gründeten die Kolonie Plymouth auf dem Festland. Die strenggläubigen Calvinisten hatten sich unter der Führung von William Bradford von der anglikanischen Kirche getrennt, da diese in ihren Augen die Vorgaben Luthers nicht erfüllte und zu verrucht war. Der Mensch war ihrer Ansicht nach von Grund auf verdorben. Nur einige wenige Auserwählte, die „chosen few“, konnten sich vielleicht durch moralisch einwandfreien Lebenswandel und durch harte Arbeit einen Platz im Himmelreich sichern. Aber ganz klar war das zu Lebzeiten nie. Dabei drohten die Prediger ihren Schäfchen mit der Strafe Gottes, die bei der kleinsten irdischen Verfehlung hereinbrechen könnte.

Wampanoag-Indianer

Ob sie die Tatsache, dass von den 102 Auswanderern nur 50 den ersten Winter überstanden, als Strafe betrachteten? Wie dem auch sei, sie hätten als Gemeinde nicht bestehen können, wenn ihnen nicht die Wampanoag-Indianer Hilfe geleistet hätten. Deren Vorfahren waren bereits lange vor unserer Zeitrechnung über die Beringstraße auf den amerikanischen Kontinent gekommen. Angeleitet vom Dolmetscher Squanto lernten die englischen Siedler, wie man Mais, Bohnen und Kürbis anbaute, Fische fing und Meeresfrüchte sammelte. So feierten sie mit dem Obersachem Massasoit und 90 seiner Mannen im Herbst 1621 ein erstes Erntedankfest, das 242 Jahre später als Inspiration für den Nationalfeiertag „Thanksgiving“ dienen sollte. Nachfahren des Wampanoag-Volkes haben im Freilichtmuseum „Plimoth Plantation“ ihr eigenes Dorf. Sie sind jedoch keine Schauspieler, sondern Museumspädagogen, die Besuchern von der Geschichte und der gegenwärtigen Situation ihres Volkes erzählen. Denn die Eintracht zwischen indianischen Völkern und englischen Siedlern währte nicht lange. Unter der Führung von John Winthrop gründete eine Gruppe von Puritanern, die die anglikanischen Kirche von innen reformieren wollte, die Stadt Boston. Sie waren hauptsächlich Kaufleute und Soldaten und sahen die Ureinwohner als Wilde und Heiden an. Verschiedene Völker wurden in kriegerischen Auseinandersetzungen dezimiert, in den Westen abgedrängt oder durch Bekehrung zum Christentum assimiliert.

Die puritanische Glaubenslehre bestand etwa 100 Jahre lang und ging dann im „normalen“ Protestantismus auf. Nachfahren der Mayflower-Siedler finden sich heute zum Teil auch in der „Congregational Church“, von der es in fast jeder neuenglischen Stadt eine gibt.

Links:
Die Mayflower wurde in den 1950er-Jahren in Großbritannien nachgebaut. 1957 überquerte sie den Atlantik, damit sich auch amerikanische Besucher von der Reise der Pilgerväter ein Bild machen können.

Oben:
So stellte sich der romantische Maler Robert W. Weir die Pilgerväter beim Gebet vor ihrer Reise nach Neuengland vor. Das Bild stammt aus dem Jahr 1844 und befindet sich im Kapitol in Washington.

Kleine Bilder rechts, von oben nach unten: *Eine gottesfürchtige Puritanerin bringt auf der Plimoth Plantation ihre Kuh zum Melken.*

Im Gemüsegarten auf der Plimoth Plantation wachsen Kürbisse und Bohnen wie anno dazumal.

Auch Kinder lernen bei speziellen Führungen viel über die Zeit um das Jahr 1620.

Kessel werden auf der Plimoth Plantation vor dem Haus gescheuert, damit sie wieder zum Kochen verwendet werden können.

Linke Seite:
Die Wampanoag unterhalten neben der Plimoth Plantation eine Indianer-Siedlung, in der sie in traditioneller Kleidung unter anderem das Leben ihrer Vorfahren erklären.

Dort bauen die Wampanoag ihre Hütten noch so, wie es ihre Vorväter taten.

Die Museumsangestellten in der Wampanoag Homesite konstruieren keine historische Atmosphäre, sondern erzählen Besuchern auch, wie ihr Volk heutzutage lebt.

Unten:
In die hübschen historischen Häusern von Stockbridge, Massachusetts, kommen Bewohner von Boston, um sich am Wochenende zu entspannen. Der Ort liegt in den Berkshire-Bergen, einem romantischen Naherholungsgebiet.

Ganz unten:
Der Red Lion Inn in Stockbridge empfängt schon seit 1773 Gäste. Revolutionäre Bürger trafen sich hier, um sich gegen George III. zu verschwören.

Rechts:
Das Cranwell Resort in Lenox umfasst auch einen weitläufigen Golfplatz. Gäste wohnen hier in einem über 100 Jahre alten Herrenhaus im Tudorstil.

Oben:
Am Laurel Lake in Massachusetts schwebt der Morgennebel über der Wasseroberfläche. Hier sagen sich Fuchs und Hase gute Nacht.

Rechts:
Glücklich ist, wer ein Haus am Ufer des Pontoosuc-Sees in den Berkshire-Bergen besitzt. Die beste Freizeitbeschäftigung ist dann natürlich Segeln.

Links:
Der Mount Greylock ist mit 1063 Metern der höchste Berg in Massachusetts. In den ihn umgebenden Wäldern bestaunen Besucher die herbstlich verfärbten Bäume.

Für das Kapitolgebäude in Hartford, Connecticut, wählte Architekt Richard Upjohn den neugotischen Stil. Die Fassade verkleidete er mit Marmor.

Das im Jahr 1929 errichtete Mystic Seaport Museum ist eines der ersten Freilichtmuseen in den USA. Es umfasst 60 historische Gebäude, die gewerblich genutzt wurden.

Rechte Seite: *Die Universität von Yale in New Haven kann auf ein Stiftungskapital von 19 Milliarden Dollar zurückgreifen. Aus ihr sind fünf US-Präsidenten und 49 Nobelpreisträger hervorgegangen.*

PIERSON
GATEWAY
1701
1707

Linke Seite:
Im Kent Falls State Park in Connecticut können Besucher in mehreren Wasserfällen baden. Manche von ihnen haben einen Verlauf von 400 Metern.

An dieses hübsche Bauernhaus in der Nähe von Kent wurden im Laufe der Jahre einige Bauten angefügt.

Manche Menschen träumen davon, so einsam in der Natur zu leben. Was sie jedoch nicht bedenken, ist, dass die Wälder rund um dieses Anwesen nahe Kent in Connecticut ein wahrer Zoo sind.

Seite 72/73:
See nahe Bantam im Mount Tom State Park in Connecticut. Hier lassen sich besonders gut Falken und Habichte beobachten, wenn sie in den Herbstmonaten nach Süden ziehen.

Oben:
In diesem großen Gingerbread House wohnte einst Mark Twain. Er zog 1871 nach Hartford und verfasste in diesem Haus einige seiner bekanntesten Bücher.

Rechts:
In diesem Wintergarten erholte sich Mark Twain von den Strapazen seiner Lesereisen.

Oben:
Mark Twain empfing in seiner Bibliothek Freundinnen wie Harriett Beecher Stowe. Die Verfasserin von „Onkel Toms Hütte" bestärkte ihn in seiner Abneigung gegen die Sklaverei.

Links:
Mark Twain betrieb auch einen eigenen Verlag in Hartford. Als dieser bankrott ging, musste er sein Haus – und diesen Schreibtisch – verlassen und sich auf Lesereisen sein Geld verdienen.

Rechts:
Der Kohlemagnat Edward Julius Berwind ließ das Herrenhaus „The Elms“ in Newport, Rhode Island, errichten. Für die Innenausstattung wurde eine Firma aus Paris engagiert. Auch im Jahr 1901 verstand man es, zu leben.

Unten:
Die Architekten von „The Elms“ nahmen Anleihen im Frankreich des 18. Jahrhunderts, um die riesigen Räume auszustatten – hier der Speisesaal. Die ursprünglichen Stallungen wurden aber schon bald in Garagen umgewandelt, als sich die Familie Berwind Automobile zulegte.

Oben:
Neben den riesigen Wohnpalästen reicher Bauherren finden sich in Newport jedoch auch einfache historische Kirchen.

Links:
Das „Marble House" in Newport war im Besitz der Vanderbilt-Familie. Der Architekt Richard Morris Hunt, der in Paris studiert hatte, ließ sich vom Petit Trianon in Versailles inspirieren.

North by Northeast – Vermont, Maine und New Hampshire

Wenn die Sonne im Herbst am Himmel strahlt, erblühen die Farben der Blätter und die Umrisse der Häuser erscheinen schärfer als in anderen Gegenden der USA. Die gelb gefärbten Bäume stehen in Wentworth, New Hampshire.

Hätte Alfred Hitchcock seinen berühmten Film „Der unsichtbare Dritte" in Neuengland angesiedelt, wäre Cary Grant nicht zum Mount Rushmore, sondern in die einsamen Berge Vermonts, Maines und New Hampshires geflüchtet.

Die Green Mountains in Vermont und die White Mountains in New Hampshire drücken in ihren Namen schon aus, was den besonderen Reiz der nördlichen Bundesstaaten Neuenglands ausmacht: Wandern und Skifahren. Jeden Winter kommen Besucher aus den anderen Bundesstaaten Neuenglands sowie aus New York auf einen schnellen Skiausflug. Die Berge mögen nicht so imposant wie in Colorado und Montana sein, doch auf den über 1000 Meter hohen Spitzen lässt es sich gut carven und snowboarden. Und davon gibt es hunderte.

In Vermont und Maine finden sich das Northeast Kingdom sowie das North Country, zwei entlegene Gegenden, in denen die Elche die Menschen zahlenmäßig übertreffen. Weiße Kirchtürme, rote Heuschober und riesige viktorianische Villen zieren die hübschen Dörfer in allen drei Bundesstaaten. Hier kommen amerikanische Reisende her, um ein bisschen Geschichte zu atmen und zu erfahren, wie reich manche Städtchen waren, als noch 300 Sägewerke im Umkreis der Ortsmitte in Betrieb waren. Sie fahren gerne durch die „covered bridges", jene überdachten Holzbrücken, die vor Wind und Wetter schützen. Oder sie klettern über Granitfelsen zu einsamen Leuchttürmen an der Küste Maines, die einst die Schiffe schützten.

„Live free or die" lautet das Motto New Hampshires. Manche Menschen nehmen kein Blatt vor den Mund, ob sie sich nun in den jährlichen „town meetings" Luft über die Grundsteuern verschaffen oder in Vorwahlen zum Präsidentenamt doch für den Außenseiterkandidaten stimmen. Kein Wunder, dass Stephen King in Neuengland seine Thriller ansiedelte!

Oben:
Ein Besuch des Shaker-Dorfs in Canterbury, New Hampshire, empfiehlt sich besonders im Herbst. Dann heben sich seine weißen Häuser besonders von den herbstlich verfärbten Bäumen ab.

Rechts:
Im Zentrum des Dorfes Washington, New Hampshire, stehen drei historische Häuser. Sie erinnern daran, dass das Dorf ursprünglich gegründet wurde, um die amerikanischen Ureinwohner dieser Gegend zurückzudrängen.

Links:
Ganz schräg wachsen die Grabsteine aus dem Boden des Friedhofes von Hanover, da die Nachfahren der Verstorbenen selbst schon unter der Erde liegen.

Oben:
Auf dem Winnipesaukee-See in New Hampshire zieht ein Boot seine Runden vor dem Städtchen Wolfeboro, das sich selbst „America's Oldest Summer Resort" nennt. In der letzten Eiszeit wurde der Wasserverlauf des Sees umgekehrt.

Rechts:
Am Mirror Lake in der Nähe des Winnipesaukee-Sees halten viele Jugendgruppen ihre Sommercamps ab. Kinder und Jugendliche haben hier genug Raum zum Austollen.

Seite 84/85:
Morgenstund' hat Gold im Mund, auch am Merrimack-Fluss. Hier siedelte John Irving die Handlung seines Holzfällerromans „Letzte Nacht in Twisted River“ an.

Links:
Das Ausflugsboot auf dem Lake Winnipesaukee kann auf dem 41 Kilometer langen See getrost seine Runden ziehen. Rund 250 Inseln kann man in diesem Gewässer bewundern.

Unten:
Bereits 8000 v. Chr. siedelten sich Menschen um den Winnipesaukee-See an. Schaber, Kratzer, Bohrer und Klingen aus dieser Zeit wurden bei Ausgrabungen gefunden.

Oben:
Manchester ist die größte Stadt in New Hampshire. Aufgrund ihrer Lage am Merrimack River hofften die Gründer, dass die Siedlung wie die englische Stadt gleichen Namens durch Industrie aufblühen würde.

Rechts:
Im historischen Städtchen Plymouth, New Hampshire, verstarb der Romancier Nathaniel Hawthorne, als er hier mit dem ehemaligen Präsidenten Franklin Pierce urlaubte. Hier das Court House.

Links:
Im „Plane Jane's Diner" in Plymouth, New Hampshire, serviert man herrliche Omeletts und Pfannkuchen zum Frühstück.

DINE
DOWNTOWN
MEDITERRANEAN
FINE DINING
LIVE
DOWNTOWN
BOUTIQUE
GOLD
MEDAL
PLAY

Links:
Hübsch reihen sich die historischen Ziegelbauten im Zentrum von Concord, New Hampshire, aneinander. Sie erinnern an Kulissen, die man aus Western-Filmen kennt.

Unten:
Concord, die Hauptstadt von New Hampshire, zählt fast 43 000 Bewohner. Fährt man auf der Autobahn in die Stadt, sieht man die Kuppel seines Regierungsgebäudes schon von Weitem glänzen.

Seite 90/91:
Whitefield, New Hampshire, im Winter: Wenn zu viel Schnee fällt, wird die Schule einfach abgesagt. Im Juni muss dann die verlorene Zeit aufgeholt werden.

SUNOCO
CITGO
1.01
1.17
1.27
CITGO
CITGO

STOP
JEFFERSON
LANCASTER
TWIN MT

Links:
Das Mount Washington Hotel von Bretton Woods zählt zu den wenigen noch bestehenden großen Hotels aus der Zeit der Jahrhundertwende. Im Jahr 1944 wurde an diesem Ort auch die Gründung der Weltbank und des Internationalen Währungsfonds beschlossen.

Unten:
Gäste des Mount Washington Hotels erholen sich gern am großen offenen Kamin, wenn sie von den über 60 Pisten in den White Mountains zurückkommen. Das Haus mit über 350 Zimmern wurde im Jahr 1902 eröffnet.

Rechts:
Der Brick Store in Bath, New Hampshire, bietet schon seit 1790 seine Ware feil. Zu seinen am meisten verkauften Produkten zählen karierte Baseball-Kappen, die Träger wie echte Yankees aussehen lassen.

Unten:
Im Stadtzentrum von Sandwich, New Hampshire. Der Ort ist nach dem englischen Earl benannt, der angeblich das Sandwich erfand. Im Jahr 2013 feierte Sandwich seinen 250. Geburtstag.

Oben:
Meredith, New Hampshire, ist für seine Apfelgärten bekannt. Obwohl es nur an die 2000 Einwohner zählt, hat die Stadtverwaltung ein eigenes Kindermuseum eröffnet.

Links:
In North Conway, New Hampshire, finden sich viele Outlet-Geschäfte, in denen sich Käufer mit Ausrüstung für ihre sportlichen Aktivitäten eindecken können.

Clam Chowder und Fiddleheads – Kulinaria Neuenglands

Als die Pilgerväter und -mütter im Dezember 1620 auf der Mayflower das amerikanische Festland erreichten, starben sie fast vor Hunger. Nur mithilfe der Wampanoags überlebten sie den ersten Winter. Von ihnen lernten sie, dass sie trotz des kalten Winters eigentlich in einem Schlaraffenland gelandet waren: Fische, Meeresfrüchte, Rehe, Beeren, Bohnen und Kürbisse waren in Hülle und Fülle vorhanden, wenn man sie zur rechten Zeit aus dem Wasser zog, jagte, sammelte oder erntete.
Heute noch kommen diese Nahrungsmittel bei vielen neuenglischen Spezialitäten in den Topf. Den größten Hummerbestand in den Vereinigten Staaten findet man im Bundesstaat Maine. Wenn das Hummerfleisch mit Mayonnaise und Sellerie zur „lobster roll“ verarbeitet und in ein Brötchen geschmiert wird, können sich auch Kleinverdiener den Genuss leisten. Von Bar Harbor, Maine, bis nach Stamford, Connecticut, säumen kleine „fish shacks“ die Küste. Bei diesen Holzhütten bleibt man gern auf einen kurzen Imbiss stehen. Hier werden unter anderem weiße Cherrystone- und Littleneck-Muscheln gedämpft und dann mit geschmolzener Butter verzehrt. Am Strand finden sich Urlauber zu einem „clam bake“ zusammen, bei dem sie die Muscheln auf einer Feuerstelle im Sand garen. Berühmt ist Neuengland außerdem für seinen „clam chowder“, eine dicke Fischsuppe auf Sahnebasis, die stundenlang gekocht wird, damit die Quahog-Muscheln weich werden.

Topinambur und Kranbeeren

Die amerikanischen Ureinwohner sammelten viele wohlschmeckende Zutaten in den Wäldern. Einfallsreiche neuenglische Küchenchefs mit Bio-Ambitionen bereiten zu Frühlingsbeginn „fiddleheads“ genannte Straußenfarnsprossen zu. Sie sehen wie grüne Geigenwirbel aus und sind besonders eisenhaltig. Der Topinambur trat von Neuengland aus seinen Siegeszug in die internationale Kulinarik an. In Maine wächst auch der größte Bestand an Heidelbeeren in den USA. In den neuenglischen Hochmooren war eine Verwandte der Heidelbeere, die Kranbeere, ursprünglich heimisch. Sauer und herb schmeckt die im Frühherbst geerntete, knallrote Beere. Mit viel Zucker wird sie zu einer Sauce verkocht, die beim jährlichen Thanksgiving-Fest zum Truthahn nicht fehlen darf.
Und natürlich kommen beide Beerenarten in die „pies“, gedeckte und ungedeckte Obstkuchen, für die eine runde, sich nach unten leicht verjüngende Backform unerlässlich ist. Ahornsirup ist ebenfalls eine „Erfindung“ der amerikanischen Ureinwohner. Farmer ziehen für die Gewinnung oft kilometerlange Schlauchsysteme durch die Wälder. Wenn der Schnee zu Frühjahrsbeginn schmilzt, zapfen sie die Bäume an. Kochen sie 40 Gallonen des klaren Baumsafts stundenlang in ihren „sugarhouses“ auf, dann gewinnen sie gerade mal eine Gallone Sirup, umgerechnet 3,78 Liter. Der Bundesstaat Vermont deckt 5,5 Prozent des Weltbedarfs ab (die kanadische Provinz Québec oberhalb der Grenze produziert 75 Prozent).
Im 17. Jahrhundert kamen auch Rinder über den Ozean nach Neuengland. Vermont ist insbesondere für seine Milchprodukte bekannt. Der Cheddar-Käse ist hellgelb und kommt in den Reifegraden „mild“, „sharp“, „extra sharp“ und „seriously sharp“ vor. Richtige Farmer genießen ihn zum Frühstück mit einem Stück „apple pie“. Wo wir bei den MacIntosh, Fuji, Braeburn und Cortland angelangt wären, oder wie die Apfelsorten alle heißen mögen. Sie werden im Herbst zu „cider“ gepresst. Wer jedoch einen englischen Apfelwein erwartet, wird enttäuscht sein. Diesen Saft dürfen auch Kinder trinken. Alkoholhaltiger Apfelwein wird „hard cider“ genannt und ist in den letzten Jahren wie auch die örtlich gebrauten Mikrobiere richtig in Mode gekommen.

Back to the farm

Überhaupt ist über Neuengland die „back to the farm“-Welle hereingebrochen. Gesundheits- und umweltbewusste Menschen versuchen sich mit Nahrungsmitteln aus biologischem Anbau zu verköstigen, die in ihrer unmittelbaren Umgebung gewachsen oder gezogen worden sind. Liest man die Speisekarte von Restaurants wie „The Bearded Frog“, „Black Sheep Bistro“ und „The Bobcat Cafe“ des Vermonter Lokalmatadors Michael Mahé, läuft einem das Wasser im Mund zusammen: Hühnerbrust füllt er mit heimischem Brie und Speck, der über glühenden Apfelholzstücken geräuchert wurde. Rehfilets dreht er zu „Zigarren“. Dazu darf die Ahorn-Meerrettichsoße natürlich nicht fehlen!

Oben:
Viele Restaurants in Neuengland, wie das Landfall Restaurant in Woods Hole auf Cape Cod, setzen auf historischen Charme.

Links:
In den Imbissbuden auf den Straßen von Maine sind Hummer populärer als Hamburger – hier in Wiscasset.

Rechts oben:
Vom Boot bis auf den Teller dauert es für den Fang von „Captain Joe & Sons" nur ein paar Stunden – Genuss garantiert.

Rechts Mitte:
Ein stolzer Fischer der Firma „Captain Joe & Sons" zeigt seine Beute, der vorsichtshalber die Scheren gefesselt wurden.

Rechts:
Noch ist nur das Band rosa, aber bald wird der gesamte Hummer pink glänzen.

Links:
„Indian Summer" wird die Herbstsaison in Europa genannt. In den USA spricht man aus Gründen der politischen Korrektheit von „foliage season". Hier beeindruckt das Farbenspiel in den White Mountains von New Hampshire.

Unten:
Mit der Zahnradbahn geht es auf die Spitze des Mount Washington, den höchsten Berg im Nordosten der USA mit 1917 Metern. Hier staut sich die kalte Luft aus dem Norden und trifft auf die warme Luft aus dem Süden. Die Bergspitze zählt daher zu einer der windigsten auf der Welt.

Ganz unten:
Ein historischer Zug in North Conway, New Hampshire. Die Eisenbahngesellschaft Conway Scenic Railroad unterhält hier auch ein Eisenbahnmuseum.

Seite 102/103:
„Covered bridges", überdachte Brücken, zählen zu den architektonischen Hauptattraktionen Neuenglands. Diese befindet sich unweit des Kancamagus Highway in New Hampshire.

Links:
Am Indian Head im Franconia Notch State Park blicken Besucher kilometerweit über die Landschaft der White Mountains.

Unten:
Die Pemigewassett Bridge, eine malerische überdachte Brücke im Franconia Notch State Park, der circa 27 Quadratkilometer groß ist.

Ganz unten:
Ein Schild im Crawford Notch State Park hilft zu bestimmen, wie welcher Berg heißt.

Rechts:
Eine einsame Wanderin steigt den Arethusa Falls Trail hinauf. Am Ende des Weges erwartet sie einer der spektakulärsten Wasserfälle in Neuengland.

Unten:
Wasser und Wald machen den Reichtum Neuenglands aus und bieten immer wieder faszinierende Landschaftsbilder, hier in der Nähe des Kancamagus Highway.

Oben:
Alt und jung wandert gern im Franconia Notch State Park. Unter einem Wasserfall befindet sich „the Basin", eine Granitplatte, die die letzte Eiszeit ausformte.

Links:
Im Franconia Notch State Park können Besucher noch eine ursprüngliche Welt erleben, in der Stress ein Fremdwort ist.

Seite 108/109:
Der Vermonter Ort Townshend wurde 1753 nach einer Familie von britischen Politikern benannt. Einige Bauernhöfe und öffentliche Gebäude blieben aus dieser Zeit erhalten.

Oben:
Das Gerichtshaus in Newfane, Vermont, wurde im neoklassizistischen Stil erbaut. Der Kirchturm im Hintergrund ist typisch für den pittoresken Bundesstaat.

Rechts:
Ein Künstler malt eine Straßenszene in Woodstock, Vermont. Der Ort zieht zu jeder Jahreszeit viele Besucher an. Die Rockefeller-Familie trug dazu bei, dass Woodstock sich seinen ursprünglichen Charme erhielt. Sie finanzierten ein Projekt, mithilfe dessen die Stromleitungen unterirdisch geführt werden.

Oben:
Das Anwesen von Hildene in Manchester, Vermont, gehörte Robert Todd Lincoln, dem einzigen Sohn des amerikanischen Präsidenten, der bis ins Erwachsenenalter überlebte. Er war Vorsitzender des Pullmann-Konzerns und ließ sich diese Villa im Jahr 1905 bauen.

Links:
Das Mobiliar in Hildene stammt aus dem Besitz von Robert Todd Lincoln und ist bis heute erhalten.

Oben:
Am Echo Lake in Charleston, Vermont, gibt es tatsächlich einen Widerhall. Der See liegt im Northeast Kingdom, einer Gegend in Nordvermont, in der circa 2000 Elche leben. Die National Geographic Society nannte das Northeast Kingdom die schönste Gegend in den Vereinigten Staaten.

Rechts:
In Wardsboro, Vermont, hängt noch der Morgennebel über dem Dorf mit typisch weißer Kirche.

Links:
Flussidylle in der Nähe von Jamaica. Der Ort in Vermont wurde nicht nach der karibischen Insel, sondern nach dem Wort für Biber in der Natick-Sprache benannt. Anfang des 19. Jahrhunderts erfuhr Jamaica einen wirtschaftlichen Aufschwung, als hier mit der Zucht von Merino-Schafen begonnen wurde.

Oben:
Eine Künstlerin malt am Ufer des Otter Creek in Middlebury, Vermont. Die Herbstfarben haben es ihr besonders angetan.

Rechts:
In dieser einfachen Hütte schrieb Robert Frost viele seiner Gedichte. Eine Studentin vom Middlebury College kam vielleicht hierher, um Inspiration zu finden.

Oben:
Robert Frost ist auf dem Friedhof der Old First Church in Bennington, Vermont, begraben.

Links:
Auf Frosts Grabstein steht eine Zeile aus seinem Gedicht „I had a lover's quarrel with the world“.

Links:
Studenten streifen über den Campus des Middlebury College. Die Eliteuniversität nimmt pro Jahr nur 2500 Studenten auf.

Unten:
Zwei Studenten plaudern auf Adirondack Chairs (ein Mischung aus Stuhl und Liege) vor Old Chapel, dem ersten Gebäude des Middlebury College. Die Universität wurde im Jahr 1800 von Pastoren gegründet, die ursprünglich in Yale unterrichtet hatten.

Oben:
Beim Kürbisfestival in Townshend wird der beste „pumpkin pie“ gekürt.

Rechts:
Ein alter Speisewagen einer Eisenbahn wurde in Quechee, Vermont, in einen Diner umgewandelt.

Seite 120/121:
Der (Halb)mond ist über Cape Neddick aufgegangen. Die Landzunge befindet sich im südlichsten Teil von Maine.

Links:
Im Vermont Country Store in Weston finden Reisende unter anderem Ahornsirupflaschen in allen Größen, gute Würste und handgeschöpfte Schokoladen.

Unten:
Im Ripton Country Store kaufte schon der Dichter Robert Frost ein. Hier befinden sich auch die Postfächer des Dorfes. Würmer für den Fischfang stehen ebenfalls bereit.

Oben:
Der Leuchtturm von Pemaquid Point wird gern für Hochzeiten genutzt. Sein Bau wurde vom sechsten Präsidenten der Vereinigten Staaten, John Quincy Adams, 1827 in Auftrag gegeben. Der Leuchtturm ist auf dem 25-Cent-Stück als Beitrag des Bundesstaates Maine abgebildet.

Rechts:
Der älteste Leuchtturm im Bundesstaat Maine befindet sich südlich der Hafenstadt Portland. George Washington bestimmte 1790 den ersten Leuchtturmwärter.

Oben:
Nur sieben Öllampen wurden als Turmlicht verwendet, als der Leuchtturm am Marshall Point 1798 in Betrieb genommen wurde. Im Jahr 1993 kam der Turm in dem Film „Forrest Gump" vor.

Links:
Malerisch auf einer Granitklippe steht der Leuchtturm von Bass Harbor auf Mount Desert Island. Er ist Teil des Acadia National Parks.

Rechts:
Betuchte Bewohner aus Neuenglands Metropolen zieht es im Sommer nach Camden, Maine. Im Jachtclub trifft man sich dann zum Segeln und Networken. Im Winter vertreibt man sich beim jährlichen Rodelfestival die Zeit.

Unten:
In solchen Käfigen wie auf dem Pier von Newagen, Maine, werden die beliebten Hummer gefangen.

Ganz unten:
In den Häfen von Maine, hier in Boothbay Harbor, finden sich auch einige Pfahlbauten.

Oben:
Die Frenchman Bay auf der Schoodic-Halbinsel wurde nach Samuel de Champlain benannt, der ab 1603 Nordamerika erkundete und später zum Gouverneur von Neufrankreich ernannt wurde.

Rechts:
Eine herrliche Aussicht über die Wälder von Maine genießt man von Mount Battle bei Camden.

Oben:
Bar Harbor im Acadia National Park lockte im 19. Jahrhundert Maler der Hudson River School in die Einöde. Ihnen folgten die Sommerfrischler auf dem Fuß. Heute legen hier sogar Kreuzfahrtschiffe an.

Links:
Küstenidylle nahe Rockland. Der Ort in Maine veranstaltet jedes Jahr in der ersten Augustwoche ein Hummerfestival, bei dem auch Kochwettbewerbe stattfinden.

Forever Wild! – Acadia National Park und Baxter State Park

Ein unvergleichliches Naturschauspiel bietet sich Besuchern im Acadia National Park und im Baxter State Park in Maine. Sie wandern an hohen Gipfeln, einsamen Seen und wilden Bächen vorbei, und begegnen vielleicht Elchen, Adlern, Bibern und Füchsen.
Die Nationalparkbewegung nahm in den Vereinigten Staaten ihren Anfang. Bereits im Jahr 1872 wurde der Yellowstone National Park im Bundesstaat Wyoming errichtet. Gebiete von herausragender natürlicher Schönheit wollten die ersten Umweltaktivisten intakt bewahren. Ein Jahr vor dem Grand Canyon, im Jahr 1918, wurde bereits der Acadia National Park unter Naturschutz gestellt. Der Name Acadia leitet sich vom griechischen Arkadien her, einer mythischen Gegend, in der Menschen angeblich glückselig im Einklang mit der Natur lebten. Im 16. Jahrhundert gab der italienische Entdecker Giovanni da Verrazzano den Namen der gesamten atlantischen Küste nördlich von Virginia. Der französische Entdecker Samuel de Champlain vergaß in seinen Karten Anfang des 17. Jahrhunderts jedoch das „r“.

Zerklüftete Felsküste

Acadia ist einer der wenigen amerikanischen Nationalparks, der am Meer gelegen ist. Er erstreckt sich über mehr als 20 000 Hektar auf der Mount Desert Island und umfasst die Isle au Haut und die Schoodic-Halbinsel. Die Mount Desert-Insel wurde nach der letzten Gletscherschmelze vor 20 000 Jahren vom Festland abgeschnitten und ist für ihre zerklüftete Felsküste bekannt. Ende des 19. Jahrhunderts suchten reiche Sommerfrischler diese Gegend auf und ließen sich hübsche Villen bauen. Charles William Eliot, der Rektor der Universität Harvard, regte die Gründung eines Nationalparks an. Er bewegte auch den Milliardär John D. Rockefeller dazu, 4400 Hektar Grund in den Park einzubringen. Rockefeller verwehrte sich jedoch dagegen, dass eine neue Erfindung, das Automobil, im Park verkehren sollte. Er ließ deshalb einen 80 Kilometer langen Reitpfad aus Kies und Stein anlegen, auf dem Besucher die Gegend auch auf einer Kutschenfahrt genießen können.
Rockefeller konnte sich jedoch nicht ewig gegen die Benzin- und Dieselfresser quer legen. Heute erhalten Besucher einen ersten Eindruck auf der 40 Kilometer langen Parkumrundungsstraße. Sie führt unter anderem auf den Cadillac Mountain (470 Meter), den höchsten Berg der amerikanischen Ostküste. So majestätisch ragt ein Berg erst wieder in Rio de Janeiro aus dem Atlantik. Besucher wandeln und radeln auch gern durch den Park. Oder sie kajaken im Meer, um einen Blick auf den malerischen Leuchtturm auf Bass Harbor Head zu ergattern. Von der Hauptstraße kann man zum Sand Beach abbiegen, einer Bucht, die sich durch ihren rosa Granitsand und Felsen auszeichnet. Die Wassertemperaturen steigen hier selbst im Hochsommer nicht über zwölf Grad. Eingeschworenen Maine-Fans macht das jedoch nichts aus. „Acadia ist der einzige Park, in dem ich mit einer Hand fischen und der anderen ein paar Heidelbeeren pflücken kann“, meint ein begeisterter Besucher aus Vermont, der schon vierzig Jahre hier Urlaub macht.

Allagash Wilderness Waterway

Ein überaus reicher Politiker zeichnet für die Schaffung von Baxter State Park verantwortlich. Percival Baxter stand dem Bundesstaat Maine von 1921 bis 1925 als Gouverneur vor und setzte sich damals dafür ein, das Gebiet um Maines höchsten Berg, den Mount Katahdin (1606 Meter) im Norden seines Heimatstaats unter Naturschutz zu stellen. Die Gesetzgebung befürwortete sein Projekt jedoch nicht und so kaufte er 81 211 Hektar Land und überantwortete sie dem Bundesstaat. „Forever wild“, lautete seine einzige Bedingung. Besucher dürfen im Park bis heute keine elektronischen Geräte benutzen und Campingplätze werden nicht mit Fließwasser und Strom versorgt. 45 Berge gilt es hier zu besteigen. In lauen Sommernächten warten Wanderer am Teich Sandy Stream Pond auf eine Elchherde. Etwas

Links:
Eher karg ist das unmittelbare Umfeld am Cadillac Mountain im Acadia National Park. Der Berg auf Mount Desert Island ist 470 Meter hoch.

Oben:
Im Baxter State Park gibt es viele einsame Wasserflächen. Hier kann man Bären und Elche beim Schwimmen beobachten.

nördlich vom Baxter State Park befindet sich der Allagash Wilderness Waterway. Dieser 150 Kilometer lange Korridor verbindet Flüsse und Seen miteinander. Besucher befahren ihn mit ihrem Kanu oder Kajak von Mai bis Oktober, doch kann sie ein starker Wind schon mal mehrere Tage lang an einem See festhalten. Die Stromschnellen in den Flüssen sind nicht zu unterschätzen. Für Wanderer, die den Appalachian Trail vom Springer Mountain in Georgia über fünf oder sechs Monate entlang gegangen sind, ist der Mount Katahdin ein Lichtblick. Sehen sie ihn am Horizont, haben sie ihr Ziel fast erreicht.

Rechts oben:
Eifrige Fotografen wollen den Sonnenaufgang auf dem Gipfel des Cadillac Mountain auf keinen Fall verpassen. Hier sollen die Strahlen der Sonne die Vereinigten Staaten als erstes treffen.

Rechts Mitte:
Ein scheues Reh sucht auf der Mount Desert-Insel im Acadia National Park nach Futter.

Rechts:
Bei Thunder Hole auf der Mount Desert Island donnert der Ozean auf die Felsen.

Rechts:
Fort Knox wurde von 1844 bis 1869 aus Granit gebaut. In einer Schlacht kam es jedoch nie zum Einsatz. Um das Fort herum wurde ein State Park errichtet.

Links:
Die Marina von Bar Harbor wird von Segelschiffen wie auch von Kreuzfahrtschiffen genutzt.

Rechts:
Die amerikanische Fahne wurde an einem Haus in Bethel, Vermont, gehisst. Der Ort wurde nach dem biblischen Bethlehem benannt.

Unten:
Millinocket in Maine ist ein zentraler Versorgungsort für den in der Nähe gelegenen Baxter State Park. Im 19. Jahrhundert war es auch Zentrum der Papierindustrie. Die dadurch entstandene Entwaldung konnte erst in den 1960er-Jahren wieder aufgeholt werden.

Oben:
In Fryeburg findet Maines größte Landwirtschaftsmesse statt und es gibt mit der Fryeburg Academy eine bekannte Privatschule in dem Ort.

Links:
Riesige Heidelbeerfelder finden sich bei Machias, Maine. Beim jährlichen Sommerfestival wird auch ein Blueberry Musical aufgeführt.

Register

100 km
QUÉBEC
MONTRÉAL
KANADA
USA
NEW YORK
NEW JERSEY
VERMONT
NEW HAMPSHIRE
MAINE
MASSACHUSETTS
RHODE ISLAND
CONNECTICUT
Atlantischer Ozean
Fort Kent
St. John
Caribou
Allagash Wilderness Waterway S.P.
Presque Isle
Eagle Lake
Chamberlain Lake
Houlton
Baxter S.P.
Mt. Katahdin 1.606 m
Moosehead Lake
Ambajejus Lake
Millinocket
Medway
Jackman
Greenville
West Forks
Penobscot
Howland
Snow Mtn 1.207 m
Boundary Mts
Blue Mts
Sugarloaf Mtn 1.291 m
Lubec
Machias
Bangor
Newport
Skowhegan
Pittsburg
Errol
Farmington
Waterville
Bucksport
Ellsworth
Milbridge
Great Wass I.
Bar Harbor
Acadia N.P.
Acadia I.
Belfast
Bethel
Androscoggin
Kennebec
Augusta
Camden
Penobscot Bay
Swan I.
Deer I.
Rockland
I. au Haut
Lewiston
Auburn
Brunswick
Bath
Monhegan I.
Popham Beach S.P.
Sebago Lake
Portland
Cape Elizabeth
Biddeford
Wells
York
Kittery
Portsmouth
Newport
St. Albans
East Mtn 1.042 m
Plattsburgh
Lake Champlain
Morrisville
Mt. Mansfield 1.339 m
Lyndonville
Mt. Cabot 1.268 m
Lancaster
Burlington
St. Johnsbury
Gorham
Littleton
Mt. Washington 1.917 m
Shelburne
Waterbury
Montpelier
Barre
Mt. Lafayette 1.600 m
Jackson
White Mts
Mt. Ellen 1.244 m
North Woodstock
Conway
Green Mountains
Bread Loaf Mtn 1.169 m
Middlebury
Randolph
Connecticut
West Ossipee
Plymouth
Winnipesaukee
Quechee
Lebanon
Wolfeboro
Rutland
Laconia
Windsor
New London
Sanford
Ludlow
Claremont
Merrimack
Rochester
White Rocks N.R.A.
Springfield
Concord
Dover
Bear Brook S.P.
Manchester
Bellows Falls
Arlington
Stratton Mtn 1.201 m
Exeter
Hampton
Keene
Merrimack
Derry
Salisbury
Bennington
Jaffrey
Haverhill
Plum I.
West Brattleboro
Nashua
Salem
Lawrence
Halibut Point
Gloucester
Clarksburg S.P.
Greenfield
Athol
Fitchburg
Lowell
Albany
Mt. Greylock 1.064 m
Leominster
Woburn
Salem
Clinton
Waltham
Cambridge
Pittsfield
Northampton
BOSTON
Berkshire Hills
Framingham
Chester
Worcester
Braintree
Weymouth
Great Barrington
Oxford
Milford
Cape Cod N.P.
Springfield
Woonsocket
Brockton
Bridgewater
Plymouth
Cape Cod
Bigelow Hollow S.P.
Cape Cod Bay
Winsted
Windsor Locks
Putnam
Pulaski M.A.
Taunton
Orleans
Vernon
Providence
Buzzards Bay
Torrington
Yarmouth
HARTFORD
Manchester
Warwick
Fall River
Poughkeepsie
Bristol
New Britain
Middletown
Arcadia S.P.
Narragansett Bay
New Bedford
Falmouth
Nantucket Sound
Waterbury
Norwich
Newport
Vineyard Haven
Newburgh
Naugatuck
Meriden
Wakefield
Nantucket
Danbury
Hamden
New Haven
Hammonasset Beach S.P.
New London
Westerly
Martha's Vineyard
Nantucket I.
Shelton
Harkness M.S.P.
Trumbull
Milford
Block I.
Norwalk
Bridgeport
Stamford
Yonkers
Long Island
Jersey City
NEW YORK
Elizabeth

Viele Ställe und Scheunen in Vermont sind mit Tierfiguren oder Geweihen verziert – hier nahe Bethel.

Impressum

Buchgestaltung
Matthias Kneusslin
www.hoyerdesign.de

Karte
Fischer Kartografie, Aichach

Bildnachweis
Alle Bilder von Christian Heeb mit Ausnahme von: Seite 46 unten: Bill Eichner; Seite 47 ganz unten: Elke Wetzig/CC-BY-SA/Wikipedia.

Printed in Germany
Repro: Artilitho snc, Lavis-Trento, Italien
www.artilitho.com
Druck und Verarbeitung: Offizin Andersen Nexö, Leipzig

ISBN 978-3-8003-4188-7

Christian Heeb, der Schweizer Fotograf dieses Buches, veranstaltet jedes Jahr mehrere Fotoreisen und Workshops in den USA. Weitere Informationen unter www.heebphoto.com